Geschenke aus der Küche

OTUS Lifestyle

Inhalt

Vorwort

Was gibt es Schöneres, als Menschen, die man liebt, seine Wertschätzung in Form eines selbst gemachten Geschenks entgegenzubringen! Wenn es dann auch noch lecker schmeckt, umso besser!

Wer auf der Suche nach einem besonderen Geschenk ist, das sich von der Masse abhebt, ist hier genau richtig. Denn Geschenke aus der Küche sind individuell, kreativ und für jeden Geschmack geeignet. Entdecken Sie in diesem Buch überraschende und vielseitige Rezepte, die jedem Beschenkten eine Freude bereiten werden: von selbst gemachten Süßigkeiten wie Karamellbonbons oder Marshmallows über Köstlichkeiten aus dem Backofen wie Macarons oder Blätterteigstangen bis hin zu herzhaften Geschenkideen wie Harissa-Paste oder eingelegte Pfifferlinge. Und wie heißt es doch so schön: Liebe geht durch den Magen!

Lassen Sie sich außerdem von vielen hübschen und dekorativen Verpackungsideen inspirieren und machen Sie aus Ihrem Geschenk etwas ganz Besonderes. Viel Spaß beim Kochen, Backen, Verpacken und Verschenken!

Kreative Geschenke
aus der Küche

Wer anderen eine Freude bereiten möchte, ist mit einem selbst gemachten kulinarischen Geschenk immer an der richtigen Adresse. Denn selbst gemachte Köstlichkeiten, mit Liebe zubereitet und festlich verpackt, zeigen, dass man sich Gedanken gemacht und sich Zeit genommen hat. Dabei können Sie wunderbar auf die individuellen Geschmäcker der Beschenkten eingehen und haben die Wahl von köstlichen Süßigkeiten bis hin zu herzhaften Mitbringseln. Und eine hübsche Verpackung macht aus dem Präsent dann etwas ganz Besonderes. Um die leckeren Geschenke erfolgreich herzustellen, müssen Sie nur ein paar Vorbereitungen treffen und schon kann's losgehen!

Vorbereitung ist die halbe Miete

Besonders für Eingemachtes, Eingelegtes, Liköre und Sirups ist es optimal, wenn eine Auswahl an Twist-off-Gläsern, Einmachgläsern und hübschen Glasflaschen zu Hause parat steht. Dafür können Sie einfach die Verpackungen von Marmeladen und Co. recyceln und haben so immer einen Vorrat zur Hand. Wichtig ist, darauf zu achten, dass die Gläser und Flaschen absolut sauber sind. Am besten spült man diese mit kochendem Wasser aus und lagert sie an einem sauberen Ort. Vor dem Befüllen sollten Sie darauf achten, dass die Gläser und Flaschen frei von Staub, Schmutz und Fettspritzern sind.

Außerdem sollte man immer einen Vorrat an Lebensmitteln zu Hause haben, um spontan ein Mitbringsel aus der Küche herstellen zu können. Mit tiefgekühltem Obst, Einmachzucker und Vanillezucker lässt sich z. B. auf die Schnelle eine köstliche Marmelade herstellen. Auch eine Auswahl an feinen Ölen und Essigen sollte im Vorratsschrank zu finden sein. Sie halten sich lange und aus ihnen lassen sich viele Leckereien wie z. B. ein pikanter Chili-Essig herstellen. Neben einer guten Vorratshaltung ist auch die Zeitplanung bei selbst hergestellten kulinarischen Geschenken wichtig.

Die richtige Zeitplanung

Manche Geschenke wie z. B. Plätzchen, Muffins, oder Cupcakes sollten so frisch wie möglich verschenkt werden, während Eingelegtes oder Würzessige und -öle mehrere Tage oder sogar Wochen durchziehen müssen. Planen Sie deshalb unbedingt die Ziehzeit mit ein. Dauert die Herstellung haltbarer Geschenke wie etwa von Marmeladen oder Sirups etwas länger, können Sie auch gleich eine größere Menge zubereiten und somit gleich einen ganzen Vorrat an leckeren Mitbringseln anlegen. So haben Sie bei einer spontanen Einladung sofort ein kleines Präsent zur Hand. Achten Sie darauf, Eingelegtes und Eingemachtes sofort mit dem Herstellungs- und Haltbarkeitsdatum zu beschriften.

Verpacken und Verzieren

Natürlich ist es vor allem der schmackhafte Inhalt, der eine besondere Freude bereitet, aber mit einer hübschen Verpackung werden die Geschenke aus der Küche erst so richtig in Szene gesetzt. Hierfür sollte man sich einen Vorrat an Papieren, Stoffen, Bändern, Stiften und Tüten anlegen. So sind Sie optimal vorbereitet, um Ihre Geschenke liebevoll zu verschönern. Im Laufe der Zeit fallen im Alltag auch immer wieder passende Verpackungen wie hübsche Schachteln, Boxen und Tüten an, die man am besten sammeln sollte. So steht einer liebevollen Verpackung nichts mehr im Wege. Auf den nächsten Seiten finden Sie eine kleine Zusammenstellung von Verpackungsideen für jeden Anlass.

Etiketten selbst gestalten
Schön gestaltete Etiketten mit Angaben zu Inhalt und Haltbarkeit sind ein echter Hingucker. Schneiden Sie die Etiketten aus und binden Sie sie mit einer Kordel an das Geschenk oder beschriften Sie selbstklebende Etiketten, die man dann direkt auf Glas oder Flasche kleben kann. Im Internet gibt es außerdem jede Menge kostenlose Vorlagen zum Ausdrucken.

Geschenke in der Tasse
Kekse, Pralinen und Cake Pops lassen sich sehr gut in einer schönen Tasse verschenken. Am besten füllt man diese bis über den Rand mit der gewünschten Leckerei und verpackt die Tasse anschließend mit Zellophan und einem schönen Geschenkband. Alternativ kann man auch eine schöne Schale verwenden.

Deckelhauben für Twist-off-Gläser
Einmachgläser lassen sich sehr schön mit Deckelhauben aus festem Packpapier, Stoff oder Häkeldeckchen verzieren. Dafür einfach Kreise aus dem jeweiligen Material ausschneiden, diese auf den Deckel des Glases legen und mit einer Kordel oder einem Geschenkband fixieren. Der Durchmesser des Kreises sollte dabei mindestens 5 Zentimeter größer sein als der Glasdeckel.

Verpacken mit Zellophan ▶

Kekse, Pralinen oder Bonbons lassen sich besonders gut in Zellophan verpackt verschenken. Dabei hat man die Wahl zwischen Zellophanpapier und fertigen Zellophantüten. Aus dem Papier schneidet man einen großen Kreis aus, legt den zu verpackenden Inhalt in dessen Mitte, schlägt das Zellophan nach oben um und bindet es mit Geschenkband zusammen.

◀ Verpacken mit Kraftpapier

Kraftpapier ist ein vielseitiges Material, aus dem sich viele verschiedene Verpackungen herstellen lassen: von Etiketten und Deckelhauben bis hin zu Schachteln und Tüten. Das Papier lässt sich außerdem wunderbar mithilfe von Stiften, Stempeln und Aufklebern dekorieren und verzieren.

Schachteln selber falten ▶

Im Internet gibt es eine große Auswahl an kostenlosen Faltplänen für Schachteln. Besonders Plätzchen und Pralinen machen in einer schön gestalteten Box einiges her. Der Vorteil beim Selberfalten ist, dass Sie die Größe optimal an den Inhalt anpassen können. Am besten legt man die Schachtel noch mit farbigem Pergamentpapier aus, um den Inhalt perfekt in Szene zu setzen.

Süßes
für Naschkatzen

Karamellisierte Mandeln
im Glas

Zutaten

etwas Zitronensäure
250 g Zucker
250 g ungeschälte Mandeln

Zubereitungszeit:
ca. 45 Min.
Für 4 Portionen

Zubereitung

1. Zitronensäure in 2 Esslöffel Wasser auflösen. In einer Pfanne bei mittlerer Hitze erwärmen. Zucker nach und nach unter ständigem Rühren zugeben und in der Zitronensäuremischung zergehen und etwas eindicken lassen.

2. Beginnt die Zuckerlösung leicht bräunlich zu werden, Mandeln zugeben. Unter Rühren weiter erwärmen, bis sich der Zucker an den Mandeln absetzt. Vom Herd nehmen und weiterrühren, bis der Zucker getrocknet ist.

3. Pfanne wieder auf den Herd stellen und Mandeln unter ständigem Rühren kurz erhitzen, bis der Zucker glänzt. Mandeln auf einem Backblech verteilen, gegebenenfalls voneinander trennen und abkühlen lassen. In ein Glas verpacken und mit einer Schleife verzieren.

Tipp

Verwenden Sie keine Teflonpfanne, da sich beim Reinigen die Reste der Zuckerlösung möglicherweise schwer aus der Pfanne lösen lassen.

Zutatenliste

Pinke Marshmallows
mit Vanillegeschmack

Zutaten

300 g Puderzucker und 2 EL Puderzucker für die Form
2 EL Speisestärke
etwas Öl für die Form
1 Vanilleschote
18 g Schweine- oder Rindergelatine (gemahlen)
1 Prise Salz
etwas rosa Lebensmittelfarbe

Zubereitungszeit:
ca. 25 Min.
+ 4 Std. Ruhezeit
Für ca. 25 Würfel

Zubereitung

1. 2 Esslöffel Puderzucker und 2 Esslöffel Speisestärke in eine Schüssel sieben und vermischen. Auflaufform dünn mit Öl einfetten und ein wenig von der Stärke-Puderzucker-Mischung mithilfe eines Siebs auf dem Formboden verteilen.

2. Mark der Vanilleschote auskratzen und Schote und Mark mit Gelatine, Salz und 180 Millilitern kaltem Wasser verrühren. Ca. 5 Minuten quellen lassen und unter gelegentlichem Rühren leicht erhitzen.

3. Ist die Gelatine aufgelöst, 300 Gramm Puderzucker zusieben und ca. 4–5 Minuten zu einer luftig lockeren Creme aufschlagen. Nach Belieben mit rosa Lebensmittelfarbe einfärben.

4. Marshmallowmasse in die Auflaufform füllen, glatt streichen und mit Frischhaltefolie abdecken. Ca. 4 Stunden kalt stellen, bis die Masse schnittfest ist. Mit Stärke-Puderzucker-Mischung leicht bestäuben, Masse mit einem Messer vom Rand der Form lösen, stürzen und in Stücke schneiden. In Zellophanbeutel verpacken und mit einer Schleife verzieren.

Zutatenliste

Rumkugeln
mit Schokolade

Zutaten

400 g trockener Biskuit- oder Rührkuchen
2 EL Rum
Rumaroma nach Belieben
125 g Butter
100 g Zartbitterschokolade
200 g Vollmilchkuvertüre
150 g Walnüsse (gemahlen)
75 g Haselnüsse (gehackt)
200 g Puderzucker
200 g Kakaopulver

Zubereitungszeit: ca. 50 Min.
Für ca. 35 Stück

Zubereitung

1. Kuchen fein reiben und Rum darüberträufeln. Rumaroma nach Belieben beimengen. Butter, Schokolade und Kuvertüre im Wasserbad schmelzen lassen. Walnüsse, Haselnüsse und gesiebten Puderzucker zu den Kuchenbröseln geben und gut vermischen.

2. Geschmolzene Butter-Schokoladen-Mischung zugeben und gut vermengen. Mischung zu Kugeln formen und in Kakaopulver wälzen. Kalt stellen und fest werden lassen. In einer mit Geschenk- oder Backpapier ausgelegten Box verpacken.

Tipp

Rumkugeln schmecken nicht nur zur Weihnachtszeit und sind im Handumdrehen hergestellt. Die aromatischen Kugeln eignen sich sehr gut zur Resteverwertung von alten und trockenen Kuchenresten. Durch den Rum werden diese wieder saftig und weich.

Zutatenliste

Fruchtgummiherzen
mit Erdbeergeschmack

Zutaten

700 g Erdbeeren
30 g Gelatinepulver
150 ml Kokosmilch
Honig nach Belieben
etwas feiner Zucker oder Traubenzucker für die Förmchen

Zubereitungszeit: ca. 20 Min. + 12 Std. Ruhezeit
Für 60–80 Stück

Zubereitung

1. Erdbeeren waschen, verlesen und Stielansätze entfernen. Im Standmixer oder Entsafter zu Saft verarbeiten. Erdbeersaft mit Gelatinepulver gut vermischen.

2. Kokosmilch in einem Topf bei mittlerer Hitze erwärmen und Erdbeersaft sowie Honig nach Belieben zugeben. So lange unter Rühren erhitzen, bis sich Honig und Gelatine vollständig aufgelöst haben.

3. Mischung in mit Zucker oder Traubenzucker ausgestreute Silikonförmchen füllen und über Nacht im Kühlschrank aushärten lassen. Aus den Förmchen nehmen und in Zellophantüten verpacken.

Tipp

Da Gelatine aus tierischem Eiweiß hergestellt wird, sind die Fruchtgummiherzen nicht vegetarisch bzw. vegan. Ersetzen Sie das Gelatinepulver mit 3 Teelöffel Agar-Agar. So erhalten Sie eine vegetarisch-vegane Variante.

Zutatenliste

Karamellbonbons,
sahnig und fein

Zutaten

300 g Zucker
100 g Sahne

Zubereitungszeit:
ca. 15 Min.
+ 2 Std. Ruhezeit
Für 1 Tüte

Zubereitung

1. Zucker mit 6 Esslöffeln Wasser in einem Topf erhitzen und bei mittlerer Hitze zu goldgelbem Karamell einköcheln lassen. Dabei nicht umrühren. Vom Herd nehmen und Sahne zugießen.

2. Wieder auf die Herdplatte stellen und rühren, bis eine homogene Masse entstanden ist. Masse in einer flachen Silikonform verteilen und ca. 2 Stunden im Kühlschrank aushärten lassen.

3. Aus der Form lösen und Karamell mit dem Messer in mundgerechte Stücke schneiden oder brechen. Zum Verschenken in einer Papier- oder Zellophantüte verpacken.

Tipp

Es klingt erst einmal etwas gewöhnungsbedürftig, aber Karamell lässt sich hervorragend mit Salz verfeinern. Dafür einfach vor dem Aushärten der Karamellmasse ein bisschen grobes Meersalz darüberstreuen.

Zutatenliste

Schoko-Fudge
mit Pistazien

Zutaten

150 g Zartbitterkuvertüre
150 g Vollmilchkuvertüre
1 kleine Dose gesüßte Kondensmilch (400 ml)
1 Päckchen Vanillezucker
100 g Pistazien (gehackt)

Zubereitungszeit: ca. 20 Min. + 12 Std. Ruhezeit
Für ca. 60 Stück

Zubereitung

1. Kuvertüre fein hacken. Kondensmilch erhitzen und Kuvertüre darin vollständig auflösen. Vanillezucker und Pistazien unterrühren.

2. Eine rechteckige oder quadratische Form mit einem aufgeschnittenen Gefrierbeutel auslegen und Masse darauf verteilen. Zügig glatt streichen.

3. Über Nacht in den Kühlschrank stellen. Aus der Form lösen, Folie abziehen und in Würfel schneiden.

4. Entweder einzeln in Papier wickeln und mit einer edlen Schnur verschließen, in Pralinenförmchen gesetzt in eine dekorative Geschenkschachtel packen oder in eine hübsche Porzellanschale verpacken, in Geschenkfolie einschlagen und mit einer Schleife zubinden.

Zutatenliste

Quittenbrot, süß-aromatisch

Zutaten

200 g ausgekochte Quitten mit Schale
200 g Zucker
nach Bedarf etwas Weißwein

Zubereitungszeit: ca. 3 Std. und 45 Min. + 8–10 Std. Ruhezeit
Für 1 Blech

Zubereitung

1. Gekochte Quitten mit den Schalen durch ein Sieb streichen. Quittenmus abwiegen und in einen Topf geben. Mit der gleichen Menge Zucker vermischen und unter ständigem Rühren ca. 20 Minuten kochen. Der Zucker muss vollständig aufgelöst sein.

2. Wenn die Mischung dicker als Apfelmus ist, muss noch etwas Wasser oder Weißwein zugegeben werden. Ist die Mischung dünner als Apfelmus, muss sie noch länger einkochen.

3. Backofen auf 150 °C (Umluft: 130 °C) vorheizen. Backblech mit Alufolie auslegen und Quittenmus gleichmäßig daraufstreichen. Backblech in den Backofen schieben. Backofentür mithilfe eines Kochlöffels leicht geöffnet lassen.

4. Quittenbrot langsam trocknen lassen. Nach ca. 3 Stunden den Backofen ausschalten. Quittenbrot am nächsten Tag aus dem Backofen nehmen und in Stücke schneiden. Quittenbrot in Zucker wenden und in hübsche Gläser verpacken.

Zutatenliste

Karamellsoße
mit Butter und Sahne

Zutaten

210 g Zucker
55 g Butter
175 ml Sahne
1 Prise Salz

Zubereitungszeit:
ca. 20 Min.
Für 1 Glas à 440 ml

Zubereitung

1. Zucker in einem Edelstahltopf mit 60 Millilitern Wasser verrühren und unter Rühren mit einem Holzlöffel kurz aufkochen lassen. Bei mittlerer Hitze ca. 15 Min. kochen (nicht umrühren), bis die Soße goldbraun ist.

2. Vom Herd nehmen und Butter einrühren, bis sie geschmolzen ist. Sahne nach und nach unter Rühren zugießen und Salz zugeben. In ein gut verschließbares Schraubdeckelglas füllen und abkühlen lassen. Im Kühlschrank ist die Soße bis zu zwei Wochen haltbar. Zum Verschenken ein hübsches Stück Stoff über den Deckel des Glases binden und mit Inhalt und Haltbarkeitsdatum etikettieren.

Tipp

Zum Reinigen von Topf und Löffel Topf mit Wasser füllen, zum Kochen bringen und Karamell durch Rühren vom Topf lösen. Die Karamellsoße passt gut zu Kuchen, Pudding, Eis, Crêpes oder Pancakes.

Zutatenliste

Erdbeer-Sirup
mit Limetten

Zutaten

1,5 kg Erdbeeren
300 g Zucker
Saft von 5 Limetten

Zubereitungszeit: ca. 1 Std. + 12 Std. Ruhezeit
Für 1 Flasche à 1 l

Zubereitung

1. Erdbeeren waschen, verlesen, Stielansatz entfernen und Erdbeeren in Stücke schneiden. In einem ausreichend großen Topf mit 100 Gramm Zucker vermischen und ca. 1 Stunde Saft ziehen lassen.

2. Limettensaft zugießen, aufkochen lassen und ca. 10 Minuten unter Rühren bei mittlerer Hitze köcheln lassen. Durch ein mit einem sauberen Küchentuch ausgelegtes Sieb in eine Schüssel gießen.

3. Tuchenden oben zusammendrehen, Fruchtfleisch auspressen und mit einem Gewicht (z. B. einem Teller mit einer Konservendose) beschwert über Nacht abtropfen lassen.

4. Erdbeersaft mit restlichem Zucker aufkochen lassen, abschäumen und Sirup heiß in sterilisierte Flaschen mit Bügelverschluss füllen. Sofort verschließen und abkühlen lassen. Flasche in einem mit einem hübschen Küchentuch ausgelegten Geschenkkorb verpacken.

Zutatenliste

Rhabarber-Sirup
mit feiner Säure

Zutaten

2 kg Rhabarber
1 Pck. Zitronensäure
600 g Zucker
2 Mspn. Einmachhilfe

Zubereitungszeit: ca. 50 Min.
Für 5 Flaschen à 500 ml

Zubereitung

1. Rhabarber waschen und in Stücke schneiden. Mit 1 1/2 Litern Wasser in einem ausreichend großen Topf zum Kochen bringen. Bei mittlerer Hitze unter gelegentlichem Rühren ca. 20 Minuten kochen.

2. In ein mit einem sauberen Küchentuch ausgelegtes Sieb abgießen. Kochflüssigkeit dabei auffangen. Kochflüssigkeit, Zitronensäure, Zucker und Einmachhilfe unter Rühren zum Kochen bringen und Zucker in der Flüssigkeit auflösen.

3. Vom Herd nehmen und noch heiß in sterilisierte Flaschen mit Bügelverschluss füllen. Umgedreht ca. 5 Minuten stehen lassen und auskühlen lassen. Der Sirup hält sich im Kühlschrank ca. 10–12 Monate. Mit Inhalt und Haltbarkeit beschriften, nach Wunsch mit einer Schleife verzieren und verschenken.

Tipp

Der Sirup schmeckt beispielsweise mit kühlem Sekt oder Mineralwasser aufgefüllt (2–3 Esslöffel Rhabarber-Sirup auf ca. 300 Milliliter Flüssigkeit).

Zutatenliste

Weihnachtsmarmelade
mit Pflaumen und Glühwein

Zutaten

500 g Pflaumen
200 ml Glühwein
2 TL Zimt
300 g Gelierzucker 2:1

Zubereitungszeit: ca. 1 Std.
Für 3 Gläser à 250 ml

Zubereitung

1. Pflaumen waschen, entsteinen und vierteln. Mit Glühwein in einen ausreichend großen Topf geben, zum Kochen bringen und ca. 30 Minuten bei kleiner bis mittlerer Hitze weich kochen.

2. Zimt zugeben und einrühren. Ca. 10 Minuten weiterkochen. Fruchtstücke mit der Schaumkelle leicht zerdrücken. Gelierzucker gut einrühren und ca. 3 Minuten weiterkochen.

3. In sterilisierte Gläser füllen, gut verschließen und Marmelade abkühlen lassen. Marmeladengläser in Jutesäckchen mit Weihnachtsmotiv verpacken und mit einer Kordel verschließen.

Tipp

Die Weihnachtsmarmelade lässt sich mit den verschiedensten Obstsorten zubereiten. Besonders gut passen Früchte wie Äpfel, Schattenmorellen oder die schon erwähnten Zwetschgen.

Zutatenliste

Merry Christmas

Feine Kekse,

Kuchen & Co.

Backmischung
für Chocolate Chip Cookies

Zutaten

100 g Mehl
1/4 TL Salz
1 TL Backpulver
75 g brauner Zucker
75 g Zucker
50 g zarte Haferflocken
85 g Schokotropfen

Zubereitungszeit: ca. 5 Min.
Für 1 Glas à 600 ml (ergibt 12 Cookies)

Zubereitung

1. Mehl mit Salz und Backpulver vermischen und in ein sauberes Schraubdeckelglas füllen. Braunen und weißen Zucker darüberschichten, dabei Haferflocken zwischen den Zuckerschichten verteilen. Schokotropfen daraufgeben.

2. Glas fest verschließen und mit einem Etikett und einem dekorativen Band verzieren. Mit folgender Backanleitung versehen: „85 Gramm weiche Butter mit 1 Ei schaumig schlagen. Glasinhalt zugeben und alles gut verkneten. 12 gleich große Teighaufen auf ein mit Backpapier ausgelegtes Blech geben und bei 180 °C (Umluft: 160 °C) ca. 12–14 Minuten backen."

Tipp

Brauner Zucker schmeckt leicht malzig und nach Karamell und lässt den Chocolate Chip Cookie nach dem Backen weicher werden. Wer seine Cookies besonders „chewy" haben möchte, kann den weißen Zucker komplett durch braunen Zucker ersetzen.

Zutatenliste

Lebkuchen-Sterne
mit Zuckerguss

Zutaten

150 g Butter (in Flöckchen)
250 g brauner Zucker
250 g Honig
400 g Mehl und etwas Mehl für die Arbeitsfläche
100 g gemahlene Mandeln
1 Ei und 2 Eiweiß für die Verzierung
2 TL Lebkuchengewürz
1 TL Zimt, 1 EL Kakao
abgeriebene Schale von 1 unbehandelten Zitrone
1 TL Pottasche, 2 EL Rum
300 g Puderzucker
etwas Zitronensaft
grüne Lebensmittelfarbe
goldene Zuckerperlen

Zubereitungszeit: ca. 1 Std. + 12 Std. und 20 Min. Ruhezeit
Für ca. 50 Stück

Zutatenliste

Zubereitung

1. Butter mit Zucker und Honig in einem Topf unter Rühren erwärmen, bis der Zucker aufgelöst ist. In eine große Rührschüssel umfüllen und abkühlen lassen.

2. Mehl, Mandeln, Ei, Lebkuchengewürz, Zimt, Kakao und Zitronenschale gut verkneten. Bei Bedarf noch etwas Mehl zugeben. Pottasche im Rum auflösen. Mit dem Teig vermengen und kneten, bis der Teig nicht mehr klebt und glänzt. Mit Frischhaltefolie abgedeckt über Nacht im Kühlschrank kalt stellen.

3. Backofen auf 200 °C (Umluft: 180 °C) vorheizen. Teig auf einer bemehlten Arbeitsfläche ausrollen und Sterne ausstechen. Auf ein mit Backpapier ausgelegtes Backblech legen und ca. 15–20 Minuten im vorgeheizten Backofen backen. Auf einem Gitter abkühlen lassen.

4. 2 Eiweiße steif schlagen, Puderzucker und so viel Zitronensaft einrühren, dass ein dickflüssiger Zuckerguss entsteht. Einen Teil des Zuckergusses mit grüner Lebensmittelfarbe einfärben. Zuckerguss in einen Spritzbeutel füllen und Lebkuchen nach Belieben mit weißem und grünem Zuckerguss verzieren. Mit Zuckerperlen dekorieren und trocknen lassen. In einem Täschchen aus Lebkuchenteig oder einem entsprechend gestalteten Filztäschchen verpacken und ein dekoratives Band als Griff anbringen.

Herz-Kekse
aus Butterteig

Zutaten

500 g Mehl
1 Prise Backpulver
180 g Zucker
1 Prise Salz
250 g Butter (in Flöckchen)
2 Eier

Zubereitungszeit:
ca. 20 Min.
+ 30 Min. Ruhezeit
Für 60 Stück

Zubereitung

1. Backofen auf 175 °C (Umluft: 155 °C) vorheizen. Mehl, Backpulver, Zucker und Salz in eine Rührschüssel geben. Butter zugeben und alles zu einem Mürbeteig verkneten. Eier zufügen und mit einkneten. Teig zu einer Kugel formen, in Frischhaltefolie einwickeln und ca. 30 Minuten im Kühlschrank kalt stellen.

2. Teig ausrollen. Mit einem Plätzchenausstecher Herzen ausstechen. Kekse auf ein mit Backpapier ausgelegtes Blech setzen und im vorgeheizten Backofen ca. 10 Minuten goldgelb backen. Auf einem Gitter auskühlen lassen und in Bügelverschlussgläsern verpacken.

Tipp

Wer möchte, kann die Herz-Kekse noch mit Schokolade verzieren. Dazu 100 Gramm Kuvertüre im Wasserbad schmelzen und abgekühlte Kekse zur Hälfte in die Schokolade tauchen. Auf dem Gitter trocknen lassen und verpacken.

Zutatenliste

Butterkekse
mit Topping

Zutaten

35 g weiche Butter
15 g Zucker
50 g Mehl
1 Eiweiß
250 g Puderzucker
Lebensmittelfarbe nach Wahl

Zubereitungszeit: ca. 50 Min. + 30 Min. Ruhezeit
Für ca. 40–50 Stück

Zubereitung

1. Butter und Zucker mit dem Handrührgerät in einer Schüssel vermischen. Mehl zusieben und einrühren. Mit den Händen verkneten und zu einer Kugel formen. Zwischen zwei Stücken Frischhaltefolie ausrollen. Mit dem oberen Ende einer Spritztülle kleine Kekse ausstechen. Ränder mithilfe einer Gabel mit einem eingedrückten Muster verzieren.

2. Teigkreise auf ein mit Backpapier ausgelegtes Backblech setzen und ca. 30 Minuten im Kühlschrank ruhen lassen. Backofen auf 180 °C (Umluft: 160 °C) vorheizen und Kekse ca. 8–10 Minuten im vorgeheizten Backofen backen. Auf einem Kuchengitter abkühlen lassen.

3. Eiweiß schaumig schlagen und Puderzucker nach und nach mit dem Handrührgerät einrühren. Auf höchster Stufe schlagen, bis die Masse beim Hochziehen Spitzen zieht. In Portionen trennen und mit verschiedenen Lebensmittelfarben einfärben. In einen Spritzbeutel mit Sterntülle füllen und kleine Hauben auf die Kekse setzen. Einige Stunden trocknen lassen. In eine Zellophantüte verpacken und mit einer Schleife zubinden. In einem luftdichten Behältnis halten sich die Kekse ca. 2 Tage.

Zutatenliste

Linzer Plätzchen
mit Johannisbeergelee

Zutaten

150 g Margarine
1 Pck. Vanillezucker
50 g Puderzucker
2 TL Kirschwasser
1 Ei
1 Prise Kardamom
1 Prise Nelkenpulver
1 Prise Zimt
150 g Mandeln (gemahlen)
150 g Mehl und etwas Mehl für die Arbeitsfläche
150 g Johannisbeergelee
etwas Puderzucker zum Bestäuben

Zubereitungszeit: ca. 45 Min. + 1 Std. Ruhezeit
Für 30 Stück

Zubereitung

1. Margarine mit Vanille- und Puderzucker schaumig schlagen. 1 Teelöffel Kirschwasser, Ei, Kardamom, Nelkenpulver und Zimt einrühren. Mit Mandeln und Mehl zu einem homogenen Teig verkneten. In Frischhaltefolie gewickelt mindestens 1 Stunde kalt stellen.

2. Backofen auf 150 °C (Umluft: 130 °C) vorheizen. Teig auf einer bemehlten Arbeitsfläche ausrollen und mit einer Ausstechform Kreise ausstechen. Aus der Hälfte der Teigkreise kleine Motive ausstechen. Auf ein mit Backpapier belegtes Blech legen und im vorgeheizten Backofen ca. 8–10 Minuten hellgelb backen. Vom Blech nehmen und abkühlen lassen.

3. Johannisbeergelee mit restlichem Kirschwasser verrühren und auf den unteren Plätzchenhälften auftragen. Andere Hälften daraufsetzen und mit Puderzucker bestäuben. In dekorative Geschenktütchen verpackt verschenken.

Zutatenliste

Herz-Macarons
mit Himbeerschokolade

Zutaten

25 g Haselnüsse (gemahlen)
20 g Kokosraspel
75 g Puderzucker
1 Eiweiß
10 g Zucker
rosa Lebensmittelfarbe
100 g weiße Schokolade mit Himbeergeschmack

Zubereitungszeit: ca. 1 Std. + 30 Min. Ruhezeit
Für 15 Stück

Zubereitung

1. Haselnüsse mit Kokosraspeln mischen und mit einem Zerkleinerer oder in der Kaffeemühle mahlen. Durchsieben und gesiebten Puderzucker zugeben.

2. Backofen auf 150 °C (Umluft: 130 °C) vorheizen. Eiweiß schaumig schlagen, Zucker zugeben und alles aufschlagen, bis die Masse Fäden zieht. Mit Lebensmittelfarbe einfärben.

3. Kokos-Haselnuss-Masse unterheben und Masse in einen Spritzbeutel füllen. Backblech mit Backpapier belegen und darauf mit dem Spritzbeutel in ausreichendem Abstand kleine Herzen auftragen. Ca. 30 Minuten ruhen lassen. Macarons ca. 20–25 Minuten im vorgeheizten Backofen backen. Herausnehmen und abkühlen lassen. Vom Backpapier lösen.

4. Schokolade im heißen Wasserbad schmelzen lassen, kurz abkühlen, bis sie eine cremige Konsistenz hat. Auf den unteren Hälften der Macarons auftragen und obere Hälften daraufsetzen. Bis zum Verschenken im Kühlschrank ruhen lassen und in einer herzförmigen Box verpackt verschenken.

Zutatenliste

Cake Pops
aus Schokokuchen

Zutaten

50 g dunkle Schokolade
135 g Butter und etwas Fett für die Form
1/2 Pck. Vanillezucker
75 g Zucker
2 Eier
3 EL Milch
1 TL Backpulver
150 g Mehl
30 g Puderzucker
60 g Frischkäse
100 g lilafarbene Glasurlinsen
16 Lollistiele
100 g bunte Zuckerstreusel

Zubereitungszeit: ca. 1 Std. + 30 Min. Ruhezeit
Für 16 Stück

Zubereitung

1. Backofen auf 180 °C (Umluft: 160 °C) vorheizen. Schokolade grob hacken und im heißen Wasserbad schmelzen lassen. Etwas abkühlen lassen.

2. 75 Gramm Butter mit Vanillezucker und Zucker cremig schlagen. Eier einzeln unterrühren und Milch zugießen. Backpulver und Mehl mischen und zusieben. Mit dem Schneebesen gut unterrühren. Flüssige Schokolade ebenfalls unterrühren.

3. Teig in eine eingefettete Kastenform geben und im vorgeheizten Ofen ca. 25–30 Minuten backen. Kurz abkühlen lassen, stürzen und vollständig erkalten lassen. Kuchen in eine Schüssel bröseln. Restliche Butter mit Puderzucker cremig rühren, Frischkäse untermischen. Masse mit Kuchenbröseln verkneten und zu Kugeln formen. Kuchenkugeln ca. 30 Minuten im Kühlschrank kalt stellen.

4. Glasurlinsen im Wasserbad schmelzen. Lollistiel etwas in die Glasur tauchen und in die Kuchenkugel stecken. Cake Pops mit Glasur überziehen und mit Zuckerstreuseln bestreuen. Zum Verschenken in Zellophanfolie einpacken und mit einer Schleife verzieren.

Zutatenliste

Blaubeermuffins,
fruchtig und saftig

Zutaten

150 g Blaubeeren
100 g Butter
100 g saure Sahne
2 Eier
150 g Zucker
225 g Mehl
etwas abgeriebene Schale von 1 unbehandelten Zitrone
1 Prise Salz
2 TL Backpulver
nach Belieben Puderzucker zum Bestreuen

Zubereitungszeit: ca. 50 Min.
Für 12 Stück

Zubereitung

1. Backofen auf 200 °C (Umluft: 180 °C) vorheizen. Blaubeeren waschen, verlesen und gut abtropfen lassen. Butter bei geringer Hitze zerlassen und mit saurer Sahne, Eiern und Zucker mit dem Handrührgerät schaumig schlagen.

2. Mehl, Zitronenabrieb, Salz und Backpulver mischen, zur Buttermischung geben und mit dem Rührlöffel verrühren. Hälfte der Blaubeeren vorsichtig unterheben. Teig bis zur Hälfte in mit Papierförmchen ausgelegte Muffinformen geben. Restliche Beeren oben in den Teig eindrücken.

3. Im vorgeheizten Ofen ca. 25–30 Minuten backen. Muffins aus der Form holen und abkühlen lassen. Nach Belieben mit Puderzucker bestreuen und mit Papiermanschetten in einer Geschenkbox oder einem Geschenkkorb verpacken.

Zutatenliste

Mini-Gugelhupf
mit Zitronenguss

Zutaten

100 g Butter und etwas
Butter für die Form
100 g Zucker
1 Päckchen Vanillezucker
2 Eier
abgeriebene Schale von
1 unbehandelten Zitrone
100 g Mehl
1 TL Backpulver
100 g Puderzucker
2 EL Zitronensaft

Zubereitungszeit:
ca. 45 Min +
1 Std. Ruhezeit
Für ca. 10 Stück

Zubereitung

1. Backofen auf 200 °C (Umluft: 180 °C) vorheizen. Butter mit Zucker und Vanillezucker schaumig rühren. Nach und nach Eier und Zitronenschale zugeben. Mehl mit Backpulver mischen und unterrühren.

2. Die Silikonform einfetten und den Teig mithilfe einer Spritztüte einfüllen. Gugelhupfe ca. 10–15 Minuten backen, aus dem Backofen nehmen und in der Form abkühlen lassen.

3. Puderzucker mit Zitronensaft zu einer dickflüssigen Masse verrühren. Die abgekühlten Mini-Gugelhupfe mit dem Guss übergießen und vor dem Verpacken in Zellophanpapier oder einer hübschen Box trocknen lassen.

Tipp

Die Gugelhupfe lassen sich auf viele verschiedene Arten variieren. So kann man z. B. dem Teig je nach Geschmack Schokoladenstücke, Rosinen oder Nüsse zufügen.

Zutatenliste

Vollkornbrot
mit Kernen und Samen

Zutaten

100 g frische Sprossen (z. B. Alfalfa- oder Linsensprossen)
500 g Buttermilch
90 g Zuckerrübensirup
1 1/2 Würfel Hefe
125 g grober Roggenschrot
125 g grober Weizenschrot
250 g Dinkelmehl (Type 630)
50 g Leinsamen
50 g Sesamsamen
75 g Sonnenblumenkerne
2 TL Salz
1 TL gemahlener Kümmel
Fett für die Form
3 EL Haferflocken

Zubereitungszeit: ca. 2 Std. + 1 Std. Ruhezeit
Für 1 Brot (à 1,25 kg)

Zubereitung

1. Sprossen abspülen und gut abtropfen lassen. Buttermilch mit Zuckerrübensirup lauwarm erhitzen. Hefe darin auflösen. Schrote und Mehl mit Leinsamen, Sesamsamen und Sonnenblumenkernen in einer Schüssel mischen. Buttermilch-Hefe-Mischung, Salz und Kümmel zugeben. Alles mit einem Löffel gut vermischen, sodass ein relativ flüssiger Teig entsteht. Sprossen unterrühren.

2. Teig mindestens 1 Stunde bei Zimmertemperatur ruhen lassen. Backofen auf 220 °C (Umluft nicht geeignet) vorheizen. Dabei ein mit Wasser benetztes Backblech mit erhitzen.

3. Kastenform fetten, mit Haferflocken ausstreuen und Teig einfüllen.

4. Das Backblech mit Wasser aus dem Backofen nehmen. Brot ca. 15 Minuten backen, dann die Temperatur auf 200 °C herunterschalten. Brot ca. 1 Stunde und 15 Minuten fertig backen. Ausgekühltes Brot in festes Papier wickeln und mit einer Kordel zubinden.

Zutatenliste

Blätterteigstangen
mit verschiedenen Samen

Zutaten

1 Ei
1 Päckchen Blätterteig
Salz
Sesam
Leinsamen

Zubereitungszeit:
ca. 25 Min.
Für 6 Stück

Zubereitung

1. Backofen auf 220 °C (Umluft: 200 °C) vorheizen. Ei trennen. Blätterteig ausrollen und in Streifen schneiden. Blätterteig auf ein mit Backpapier ausgelegtes Backblech legen und mit Eigelb bepinseln. Mit Salz, Sesam und Leinsamen bestreuen.

2. Blätterteigstangen ca. 10–15 Minuten backen. Die Stangen sollten nicht zu viel, aber auch nicht zu wenig Farbe haben. Stangen auskühlen lassen und in Packpapier wickeln.

Tipp

Damit die Stangen schön gerade bleiben, kann man diese beim Backen mit einem Bogen Backpapier zudecken und ein Backblech drüberlegen. So behalten sie ihre Form.

Zutatenliste

Herzhafte Mitbringsel

für jeden Geschmack

Chips-Variation
aus Kartoffeln und Roter Bete

Zutaten

2 festkochende Kartoffeln
1 Süßkartoffel
2 Rote Bete
3 EL Sonnenblumenöl
Salz

Zubereitungszeit:
ca. 55 Min.
Für 3 Backbleche

Zubereitung

1. Backofen auf 220 °C (Umluft 200 °C) vorheizen. Drei Backbleche mit Backpapier auslegen.

2. Kartoffeln und Rote Bete sauber bürsten, mit Küchenpapier trocken reiben und in ca. 3 Millimeter dünne Scheiben hobeln.

3. Kartoffel- und Rote-Bete-Scheiben separat in flachen Formen verteilen und mit je 1 Esslöffel Öl beträufeln. Die Scheiben darin wenden, bis sie von einem Ölfilm überzogen sind, dann die Scheiben einzeln auf den Blechen verteilen und mit Salz bestreuen.

4. Die Scheiben im vorgeheizten Backofen ca. 35 Minuten backen und dabei regelmäßig wenden. Die Kartoffel-Chips sollten knusprig und goldbraun, die Rote-Bete-Chips fest und trocken sein. Chips auf Kuchengittern abkühlen lassen und vor dem Verschenken in Papiertüten verpacken.

Zutatenliste

Selbst gemachte Gnocchi,
köstliche Kartoffelnocken

Zutaten

1 kg mehligkochende Kartoffeln
Salz
250 g Mehl
2 Eier
etwas frisch geriebener Muskat
Mehl zum Bestäuben

Zubereitungszeit:
ca. 55 Min.
+ 15 Min. Ruhezeit
Für 4 Portionen

Zubereitung

1. Kartoffeln ca. 25 Minuten in Salzwasser garen, abgießen und noch heiß pellen. Kartoffeln durch eine Kartoffelpresse drücken und die Masse etwas ausdampfen lassen.

2. Mehl, Eier, Salz und Muskat zugeben und zu einem Teig vermengen.

3. Teig in gleichmäßig dicke Rollen formen, mit Mehl bestäuben und ca. 15 Minuten ruhen lassen.

4. Mit einem Messer ca. 1 Zentimeter dicke Stücke abschneiden. Die Stücke in längliche Kugeln rollen und mit einer Gabel das typische Gnocchi-Muster in den Teig drücken.

5. Zum Verschenken die Gnocchi in ein hübsches Glas füllen und mit einem dekorativen Band verzieren.

Tipp

Die Gnocchi müssen dann nur noch in kochendem Salzwasser gegart werden. Wenn die Klößchen an die Wasseroberfläche schwimmen, sind sie gar.

Zutatenliste

Chili-Essig,
würzig-pikant

Zutaten

3 Knoblauchzehen
3 rote scharfe Chilischoten
1 TL Kreuzkümmel
1 Flasche Weißweinessig

Zubereitungszeit:
ca. 15 Min.
Für 1 Flasche à 500 ml

Zubereitung

1. Knoblauchzehen schälen und in Stücke schneiden. Knoblauch in eine schöne Flasche geben.

2. Chilischoten waschen, in Ringe schneiden und mit den Kernen zu dem Knoblauch in die Flasche schieben. Kreuzkümmel zugeben und alles mit Essig übergießen.

3. Die Flasche gut verschließen und ca. 5–6 Wochen ruhen lassen.

Tipp

Den Essig innerhalb der Ruhewochen verschenken, da er so in der Flasche sehr dekorativ aussieht. Nach dieser Zeit sollte der Essig durch ein Sieb abgegossen werden. Der klare Chili-Essig kann dann zum Würzen von Salaten und Speisen verwendet werden.

Zutatenliste

Harissa-Paste,
Grüße aus dem Orient

Zutaten

200 g rote Chilischoten
4–5 Knoblauchzehen
2 grüne Kardamomkapseln
1 TL Meersalz
1/2 TL gemahlener Kreuzkümmel
1 TL Ras-el-Hanout
75 ml Olivenöl

Zubereitungszeit: ca. 35 Min.
Für 2 Gläser à 150 ml

Zubereitung

1. Chilischoten waschen und längs aufschneiden. Stiel, Kerne und Trennwände entfernen. Chilischoten klein schneiden. Knoblauch schälen und die Zehen halbieren. Kardamomkapseln leicht andrücken.

2. Chili, Knoblauch, Salz, Kardamom, Kreuzkümmel und Ras-el-Hanout in einen Standmixer geben oder mit dem Stabmixer möglichst glatt pürieren. Öl zugeben und auf niedrigster Stufe pürieren.

3. Paste in vorbereitete saubere Gläschen füllen, den Deckel fest verschließen und die Gläser in einen Topf mit Wasser stellen. Die Gläser sollten dabei zu ca. 2/3 im Wasser stehen. Gläser im leicht kochenden Wasser ca. 15–20 Minuten sterilisieren.

4. Vor dem Verschenken das Glas mit einer Kordel, Bast, Sisal oder Geschenkband verschönern.

Zutatenliste

Erdnussbutter,
cremig und gehaltvoll

Zutaten

230 g ungesalzene Erdnüsse
25 ml Erdnussöl
Salz

Zubereitungszeit: ca. 15 Min.
Für 1 Glas à 300 ml

Zubereitung

1. Erdnüsse in einer Pfanne ohne Zugabe von Fett rösten.

2. Erdnüsse, Öl und Salz in einen Standmixer geben oder mit dem Stabmixer pürieren. Nach Belieben entweder ganz fein pürieren oder nur so lange pürieren, dass noch kleine Stücke in der Erdnussbutter sind.

3. Erdnussbutter in ein hübsches Glas füllen, welches sich gut verschließen lässt. Im Kühlschrank hält sich die Erdnussbutter bis zu 6 Wochen. Zum Verschenken ein hübsches Etikett mit Inhalt und Haltbarkeitsdatum auf das Glas kleben.

Tipp

Sollten Sie kein Erdnussöl finden, können Sie auch Sonnenblumen-, Raps-, Distel- oder Keimöl verwenden. Andere Nussbutter wie z.B. Mandelbutter lässt sich auf dieselbe Art herstellen.

Zutatenliste

Pfifferlinge, eingelegt in Öl

Zutaten

4 Stängel Thymian
1 kg Pfifferlinge
1 Bund Frühlingszwiebeln
500 ml Olivenöl
Salz
frisch gemahlener Pfeffer

Zubereitungszeit:
ca. 25 Min.
Für 2 Gläser à 500 ml

Zubereitung

1. Thymian waschen, trocken tupfen und Blättchen abzupfen. Pilze sauber putzen, wenn nötig, waschen und trocken tupfen.

2. Frühlingszwiebeln waschen, putzen und in Ringe schneiden. Mit den Pfifferlingen in 4 Esslöffeln Öl in einer großen Pfanne anschwitzen. Salzen, pfeffern und die austretende Flüssigkeit komplett verdampfen lassen.

3. Pfifferlinge in Weckgläser füllen, Thymian zugeben und so mit Öl auffüllen, dass die Pilze bedeckt sind. Gut verschließen und kühl aufbewahren.

Tipp

Sammeln Sie ein paar schöne herbstlich gefärbte Blätter und dekorieren Sie diese mit einem Glas Pfifferlinge in einem hübschen Bastkorb.

Zutatenliste

Eingelegte Rote Bete
mit Apfel

Zutaten

800 g Rote Bete
Salz
2 Frühlingszwiebeln
2 Knoblauchzehen
1 Stück frischer Ingwer
1 Stück Meerrettichwurzel
1 Chilischote
400 ml Apfelessig
60 g Zucker
1 Zimtstange
2 säuerliche Äpfel (z. B. Granny Smith)

Zubereitungszeit: ca. 1 Std.
Für 4 Gläser à 300 ml

Zubereitung

1. Rote Bete waschen und ca. 40 Minuten in Salzwasser gar dämpfen. Schälen, auskühlen lassen und in feine Streifen schneiden oder hobeln. Frühlingszwiebeln abbrausen, putzen und in kleine Würfel schneiden. Knoblauch, Ingwer und Meerrettich schälen und fein hacken. Chili halbieren, entkernen und in feine Streifen schneiden. 500 Milliliter Wasser mit Essig, Zucker, Zimtstange, Knoblauch, Ingwer, Meerrettich und Chili aufkochen und ca. 5 Minuten kochen lassen.

2. Äpfel schälen, halbieren, entkernen und fein reiben. Rote Bete und Apfel in die heiße Flüssigkeit geben, nochmals kurz aufkochen. Zimtstange entfernen und Rote Bete in heiß ausgespülte Gläser füllen. Die Gläser gut verschließen und vor dem Verzehr mindestens 3 Tage durchziehen lassen.

Tipp

Dekorieren Sie Ihr Geschenk doch mal ungewöhnlich und hängen Sie einen kleinen Löffel oder eine kleine Gabel an das Glas, bevor Sie es verschenken.

Zutatenliste

Schmalz
mit Apfel und Röstzwiebeln

Zutaten

250 g Speck
1 Apfel
500 g Schweineschmalz
2 TL Majoran
2 TL Thymian
Salz
frisch gemahlener Pfeffer
1 Becher Röstzwiebeln

Zubereitungszeit: ca. 30 Min.
Für 2 Gläser à 300 ml

Zubereitung

1. Speck in Würfel schneiden. In einem Topf bei schwacher Hitze so lange erhitzen, bis ordentlich Fett austritt. Speck sollte dabei allerdings nicht braun werden.

2. Apfel waschen, halbieren, vom Kerngehäuse befreien und in kleine Würfel schneiden.

3. Apfelstückchen eine Weile mitschmoren. Schweineschmalz mit Speck, Apfel, Majoran, Thymian, Salz, Pfeffer und Röstzwiebeln abschmecken. Alles ca. 20 Minuten erhitzen, aber nicht aufkochen.

4. Schmalz in dekorative Gläser geben, gut verschließen und erkalten lassen.

Tipp

Das Schmalz schmeckt auf jeder Brotsorte gut, aber besonders köstlich ist es auf frischem Graubrot.

Zutatenliste

Puten-Rillette

mit Gänseschmalz

Zutaten

1 Zwiebel
5 Knoblauchzehen
2 Putenkeulen
1 EL Rosmarin
1 EL Thymian
1 EL Kümmel
1 TL Salz
2 Lorbeerblätter
5 rote Pfefferkörner
500 g Gänseschmalz

Zubereitungszeit: ca. 5 Std.
Für 4 Gläser à 250 ml

Zubereitung

1. Zwiebel schälen und vierteln. Knoblauchzehen schälen. Putenkeulen in 1,5 Litern Wasser mit Rosmarin, Thymian, Kümmel, Salz, Lorbeerblättern, Zwiebel, Knoblauchzehen und Pfefferkörnern zum Kochen bringen. Alles ca. 4 Stunden köcheln lassen.

2. Fleisch aus dem Topf nehmen und von den Knochen und Sehnen befreien. Zwiebel aus dem Topf nehmen und klein schneiden. Brühe über einem Sieb abgießen. 1 Tasse Brühe beiseitestellen. Fleisch klein schneiden.

3. Fleisch mit der Tasse Brühe, der Zwiebel und dem Gänseschmalz zurück in den Topf geben und aufkochen. Kurz mit dem Stabmixer zerkleinern, da die Masse sonst zu grob ist.

4. Rillette heiß in Weckgläser füllen und sofort fest verschließen.

Tipp

Die Brühe, die beim Kochen der Putenkeule entsteht, können Sie ganz wunderbar einfrieren, da für dieses Rezept ja nur eine Tasse benötigt wird. Sie können die Brühe als Suppe oder zur Herstellung von Soßen verwenden.

Zutatenliste

Hühnerleberpastete
mit Zwiebeln und Apfel

Zutaten

280 g Butter
2 kleine Zwiebeln
1 säuerlicher Apfel
450 g Hühnerleber
60 ml Weinbrand
2 EL Sahne
1 TL Zitronensaft
1 1/2 TL Salz
frisch gemahlener Pfeffer

Zubereitungszeit:
ca. 30 Min. + 6 Std. Ruhezeit
Für 2–3 Gläser à 200 ml

Zutatenliste

Zubereitung

1. 100 Gramm Butter auf Zimmertemperatur erwärmen. Zwiebeln schälen. Apfel schälen und vom Kerngehäuse befreien. Zwiebeln und Apfel klein schneiden.

2. 30 Gramm Butter in einer großen Pfanne bei mittlerer Hitze zerlassen und Zwiebeln und Apfel darin andünsten, bis sie leicht gebräunt sind. Leber abwaschen, trocken tupfen, halbieren und säubern.

3. In der gleichen Pfanne 50 Gramm Butter erhitzen und Leber darin bei hoher Hitze braun anbraten. Innen soll sie noch ganz leicht rosa sein. Hitze reduzieren und Weinbrand zugießen. Vorsichtig anzünden und flambieren, bis die Flamme erloschen ist.

4. Leber, Bratensatz, Apfel, Zwiebel und Sahne fein pürieren. Mischung in eine Schüssel geben, abdecken und im Kühlschrank abkühlen lassen.

5. Restliche Butter in eine Küchenmaschine geben und ein Drittel der Leberpastete zugeben. Ca. 5 Sekunden pürieren. Noch zweimal wiederholen, bis die ganze Leberpastete untergemischt ist. Zitronensaft, Salz und Pfeffer zugeben und noch mal gut pürieren.

6. Hühnerleberpastete in Gläser füllen und im Kühlschrank erkalten lassen. Mit einem frischen Laib Brot zusammen verschenken.

Register

Impressum

www.otus.ch
ISBN 978-3-03793-638-2

Komplettproducing: twinbooks, München
Texte: Melanie Goldmann, Eva Hutter, Gesa Scheziat für twinbooks, München
Text- und Abbildungsverzeichnis: Shutterstock Images: ; 2 Elena Veselova; 5 Lecic; 6 Photographee.eu; 7 Africa Studio; 8 o. Margoe Edwards; 8 M. MShev; 8 u. mllevphoto; 9 o. Teri Virbickis; 9 M. Marie C Fields; 9 u. Aimee M Lee; 10 Elena Schweitzer; 13 kuvona; 14 pearl7; 17 Pramen; 18 Elena Schweitzer; 21 D and S Photographic Services; 22 Elena Zajchikova; 25 MShev; 26 Ina Ts; 29 Oksana Shufrych; 30 Seija; 33 Natalia Wimberley; 34 nana77777; 37 malinkaphoto; 38 AS Food studio; 41 Olga Pink; 42 designelements; 45 Marta Teron; 46 nana77777; 49 Agnes Kantaruk; 50 Stephanie Frey; 53 MS-hev; 54 Ilja Generalov; 56 tesdei; 58 Sugarless; 61 Yulia von Eisenstein; 62 Bildagentur Zoonar GmbH; 65 grafvision; 66 Luchiya Raycheva; 69 A. Zhuravleva; 70 Sugarless; 73 Nataliya Arzamasova; 74 sch_o_n; 77 Wiktory; 78 thefoodphotographer; Schmuckabbildungen: Shutterstock Images: Ohmega1982; m.jrn; Ingvar Bjork; Cover: Christian Jung